X **@luv_tice**

이 시집은 luv_tice와 협력해
moment 굿즈도 함께 판매합니다.

moment; 모든 글은 고유한 '순간'을 포착하는 것.

흔들리는 꽃

초판 1쇄 발행 2025년 9월 17일

지 은 이 서용석
펴 낸 이 강나연
펴 낸 곳 포근책방

등록번호 제 2024-000014호
전자우편 nabonglemon@naver.com

ⓒ 서용석, 2025. Printed in Seoul, Korea

ISBN 979-11-990856-1-9

이 책의 판권은 지은이와 포근책방에 있습니다.
양측의 서면 동의 없는 무단 전재 및 복제를 금합니다.

서용석 시집 2

흔들리는 꽃

서용석

2025

시인의 말

사랑은 혼란과 나란히 온다.

혼용, 혼돈 안에 예측불가능한 질서는
이끌어내기도 밀어내기도 하며
언제나 나를 능가했다.

2025년 9월
서용석

흔들리는 꽃

차례

시인의 말

1부 살아있기에 불안하다

The Way 12
사랑하기 좋은 날 13
나에게 오는 길 14
한 달에 한 번쯤은 16
이제는 엄마라는 이름으로 vol.1 18
장마 19
일상에서 vol.5 20
삼복 더위 21
산세베리아와 화분 22
살아있기에 불안하다 23
세설 細雪 24
들뜬 열정이 가라앉아야 할 때 26

2부 달이 키운 사람

달이 키운 사람 32

신혼 때의 혼란 34
때 아닌 고백 35
입병 37
기억의 공유 39
이제 엄마라는 이름으로 vol.2 41
산 너머에는 42
for you, my baby 44
만화 45
지나가는 말 47
늘 먼저 잠드는 너에게 49
사랑 굿(감坎) 51

3부 꿈꾸는 자의 것 중의 하나

하루 끝, 끝내 56
꿈꾸는 자의 것 중의 하나 58
얼굴을 들여다보며 60
동행 61
아가를 위한 다짐 62
모두 그대 64
겨울에 푹 빠져서 66
붕어도 아니고 68
편두통 69
흰 돛배 70
장마 속에서 71
기억 73

4부 이별 없는 세상

전하지 못한 말 76
주머니 78
이별 없는 세상 80
애도 시대 82
어둔 밤 84
뱃살 86
선택의 작용 87
대화 89
위로 90
7년 91
부부싸움 93
무거운 아침 95

5부 미움을 묵히면 왜 그리움이 되는지

쉽게 위로하지 마라 98
우리 이제 그만 싸우자 99
논리적으로 감성 전달하는 법 101
무엇을 만나도 다치지 않는 법 103
사랑 뒷면은 증오다 105
현실 reality 108
로망 르네상스 110
시작할 용기 112
마녀를 물리쳐야 할 나이, 일곱 살 114
나쁜 엄마 119

"사랑해"라는 말 밖에 할 줄 모르는 아내 121
미움을 묵히면 왜 그리움이 되는지 122

6부 관계미학

바람이 모자를 벗긴다 126
쓰촨성 127
저녁상 129
신념에 대해 묻는 자들을 만났다 132
당신의 신발 135
피 색 137
관계미학 140
경계 141
3D 종이인형 143
비눗방울 145
그래도 사랑해 147
아이들에게 148

1부
살아있기에 불안하다

The Way

낯선 길이다
알 듯 모를 듯 주저주저하게 하는 찝찝한 길에 들어
섰다

반듯하고 널찍한 길만 의미가 있다고 할 수 없는 것
좁다랗고 흙이나 자갈로 진창인 길도 흥미롭다는 것
알지만,

가고 있을 땐
이렇게 저벅저벅 걸어가야 할 땐
두 손으로 두 눈 가리고 주저앉고 싶다

떠나지 않는 감기
약기운으로 몽롱한 11월의 한 가운데다

사랑하기 좋은 날

사랑하기 좋은 날이다

어젯밤 보았던 비 머금은 하늘과
그 밑을 지나가던 바람이
창문을 잠깐씩 흔들어놓던 소리는
무엇인가 말끔히 쓸어가버리고 난

오늘
지금은 개는 중
모두 모두가
툭툭 털어버리기에
다시 한 번 마음 다잡고 한 번 해보기에
그냥 푸근하게 머리 묻고 잠들어버리기에

오늘은
살냄새, 사람냄새 맡기에 어울리는
참 사랑하기 좋은 날이다

나에게 오는 길

다음 장을 넘기면 불쑥 들어가야할 내용이 생각납니다.
당혹스럽지만,
그것을 잘해내지 못하면 그동안 잘 고수해왔던 전체적인 흐름도 끊길까봐
버리지 않고 또 정성스럽게 껴둡니다.

삶은 이렇게 불쑥불쑥 드나듭니다

살다보니 이쯤에서 또 뒤통수치는 일이 생기겠군 예상해보지만
예상할 수 있는 경험보다 경험하지 못한 일들이
무게를 더하는 것이 삶이라서 마음이 어려워집니다.

무엇이든 마음의 문제, 체력의 문제지요.
요즘은 한창 넘겼다 끼웠다 빼냈다 제 삶이 분주합니다.

아직은 이것이 무엇을 뜻하는지 모르지만
또 두 어장 쯤 진전이 생기면 그때서야 아하-하며
삶을 주시는 거대한 이치에 머릴 조아리게 되겠죠.

그래서 되뇌입니다.
사랑만이 모든 것을 존재하게 한다.
사랑하자 사랑하자

사랑지상주의 순간이었습니다.

한 달에 한 번쯤은

몸과 정신이 몽롱하다
기침을 콜록대기도 하고 열이 나기도 하고 살갗이 아프기도 하고
혀끝이 마비된 것 같이 텁텁해 입맛을 잃기도 한다
머리가 지끈거리기도 하고 한 쪽 뇌가 무거워서 고개가 기울어지고
귀가 아프기도 하고 목이 붓기도 한다
다리가 저리기도 하고 눈앞이 흐릿해지기도 하고
어깨가 결려서 팔을 들기 힘들게 만들기도 한다

늘 아팠던 것 같기도 하고
지금 아픈 것이 사실은
정말 아픈 게 아닌지도 모른다는 생각을 하기도 한다

세포분열이나 정류같이
혼돈을 겪고 정체를 잃고 망막이 반투명해진다

분명한 것은,
지나고 나면 사물이 더욱 더 또렷해진다는 것이다.

이제는 엄마라는 이름으로 vol.1

세상에 믿기지 않을 만큼 예쁜

첫 아이를 갖게 됐다

예쁜데

참으로 예쁜데

열병처럼 힘들다

아기를 기른다는 것은

장마

길인지 하늘인지 현실인지 꿈속인지
모두 담아 우리 아가 동그란 눈 속에
몰아넣어두면 투명하게 비춰질까

겨드랑이 축축하게 배어든 땀냄새가
내 것인지 밤새 뜬눈으로 지새운 네 것인지
지독히도 나는 것에 저울추를 달면 알까

그것에 이름을 붙여본들
네 꿈속에 들어가고픈 나와 날 끌어안고
잠들고픈 네가 그리워하는 세상이

여기에 아님 꿈꾸는 우리 아가
동그란 머릿속에 있기나 할까

투둑투둑 떨어지는 것이
빗방울인지 눈물인지 땀인지
TV소리만 시간이 된다

일상에서 vol.5

6개월 된 딸아이와 밤샘 일로 잠들어버린 남편과

아무도 없는 인천 연수동 전셋집에서

난 시를 쓴다

2005년 1월 13일

삼복 더위

진물처럼 땀 배어나는 것이 몸이 아니라
끈적이며 흐르는 이것이 진액인
나무였다면

태양의 홍염 시야 문질러대도
바람 한 줄로
남몰래 흔들리며 시려하는 것이
머리카락이 아니라
가지 끝에 두 손처럼 벌어진 연한 이파리라면

시원한 물 한 바가지 퍼 부어도
땟물밖에 나올 것 없는 영장靈長이고 뭐고
쉬이- 쉬이- 잎끼리 저마다 문질러
녹색 물 똑똑 털어낼 것 같은
숲이고 싶다

2002년 7월 17일

산세베리아와 화분

산세베리아가
화분보다 몇 배나 더 자라
결국 제 화분과 넘어져버린 날
우린 다퉜다

큰 화분 하나 들여놓을 수 없는 공간에서
둘 중 누구도 새 화분 사러 나가지 못하고
우린 싸웠다

그가 가위로 산세베리아 잎을 잘라내는 동안
난 팔짱을 끼고 서서 그를 경멸했다

그는 이만하면 적당하다 했고
나는 크면 또 잘릴 잎이 서럽다 했다

눈치보며 자라는 손톱처럼
우린 그렇게

살아있기에 불안하다

움직이기에 불안하다
숙련된 동작이 편안한 것처럼
처음 해 본 말은 서툰 법이다

돈 벌기 위해 길 준비하는 사람 있고
삶 배우기 위해 자신을 닦는 사람도 있다

하지만 모두 한 실타래
삶의 가르침은 이 모든 것이다

'어디로 가고 있는가?'란 질문이
힘을 주는 것은 이런 이유다

혼자의 길이기에 고독하지만
고독함이 묻어 있는 사람에게 신뢰가 간다

기만하지 않는 삶을 사는 사람에겐
시간과 공을 들이고 싶다

세설 細雪

한파에 봄바람 일어나
거리 흙먼지가 솟구쳐 올랐다

전봇대 밑 토사물 쪼는 비둘기 키보다 위로
검은색 네파 점퍼 입은 아저씨 미간 보다 위로
반지하 레스토랑 그날이후에서 나오는 여자들 어깨
보다 위로
갓길 정차한 나래유치원차량보다 위로

네가 오르면 나도
하늘이 뭐 별게냐 하며
먼지 서로 오른다

나는 먼지가 하늘에서 내리는가 하고 눈을 들어보니
오르는 먼지에 섞여 눈발이 내렸다

눈인가 먼지인가 분간하는 사이

경쾌하고 기세있게 내려와
땅이 닿기도 전에 녹는 눈

지상에서 오르던 먼지는
내려앉아 몰려와 뱅뱅댔다

들뜬 열정이 가라앉아야 할 때

뜨거웠던 태양에 녹을 듯 달아올랐던 거리가 빗물에 식을 때
그 미지근한 열기가 아직 발아래 느껴질 때
찬란했던 빛을 받은 잎들의 반짝임이 눈앞에서 아른거릴 때
이마에 땀방울을 매단 아이들이 저만치 뛰어가 버리고
저마다의 우산을 쓰고 터덜터덜 집으로 비켜가 버릴 때

눈앞에 곧 뭔가 잡힐 것 같은 삶의 절정 앞에서 돌아서야할 때
한 줄 한 줄 쌓아올린 노력의 시간이 다시 12시로 향할 때

낮잠을 잔다

지금은 미지근한 열기 때문에 악몽에 시달리고 하겠지만
다시 모래 속으로 빠져들어 헤어날 수 없는 고통에 시달리는 두려움이 엄습하겠지만
건물이 병풍처럼 넘어지고
주변 사람들이 모두 자신의 길로 떠나 내 곁엔 아무도 남아 있지 않겠지만

낮잠을 청한다

오래도록 그렇게 홀로 누워있으면 한참을 꼼짝 않고 누워있다 보면
빙빙 돌던 세상이 멈추고
바람이 분다
천 년 전의 바람이 만 년 전의 바람이 태초의 바람이 불어

나를 깨운다

선잠에서 깬 내가 드디어 다시 살기 시작한다

2부
달이 키운
사람

달이 키운 사람

고통이 싫어서
모든 것을 배우려 했다

고독이 서러워서
원망이 잦았다

모든 살아있는 것들의 아픔이 싫어서
위로를 배우려 했다

위로란 짧은 스침

위로 받으면 흘러나오는 눈물 닦으며
내가 건넨 위로의 무게를 떠올려보았다

무거웠거나 미미했을
햇빛처럼 밝거나 달빛처럼 은은했을

햇빛과 달빛 중 무엇이 닮고 싶으냐 물으면
꼭 햇님같이 살고 싶다는
해의 편린같은 울림이 마음에서 건조해질 때
저 높이 달빛이 촉촉하게 내게 내려앉았다

목청껏 소리치지 말라고 당부한다
심호흡 깊게 하고
울림의 목소리 가지라 한다

나는 달님이 낳아서 달빛으로 자란 자이므로

신혼 때의 혼란

이런 세상이었구나
이런 세상이 있었구나

너와 둘이었을 때도 안보였던 세상이
뱃속의 아기와 함께 보니

세상이 선명하게 보인다
곳곳이 보인다

이런 세상도 있구나
이런 세상에서
이렇게 우리 시작하는거구나

때 아닌 고백

우리 만나 사랑했죠
마주 보며 웃는 것만으로 행복했죠
서로의 숨소리 들으며 편히 쉬었죠

각자의 방식대로 사랑을 주었죠
그뿐이었죠 우리

결혼하고 나니 더 보고 싶어요
이제 우리 삶이 하나의 모양으로 엮어가고 있는데
예전보다 많은 시간 함께 누리고 있는데
예전보다 훨씬 더 당신이 보고 싶어요

이젠 혼자 남은 시간
당신은 날 위해 나는 당신을 위해 보내야하죠
사랑이 어렵네요

늘 당신 건강이 걱정이랍니다
늘 당신의 외로움이 걱정이랍니다

우리 같이 가는 동안
난 당신이 당신의 이름으로 살 수 있게 해주고 싶어요
당신의 이름에 날개를 달아주고 싶어요

하고 싶은 일 하면서
내 옆의 당신은 자신의 시간을 위해 살았으면 해요

지금은 힘들지만 언젠간 이루어지겠죠?
이렇게 우리 사랑 지켜 가다보면 이루어지겠죠!

당신 정말 사랑해요

입병*

아랫니 밑으로 노랗게 구멍이 패였다
무어가 피곤하고 신경 쓰여 생겼는지
쓰리고 아픈 것이 영 성가시다

아침에 아이와 인사 나눌 때
밤새 굳어있던 근육이 늘어나느라
발음하기도 아파
마음과 다르게 얼굴을 찡그린다

뜨거운 것을 먹을 때, 특히 양치 헹굼질할 때
입술에 힘 바짝 주고
매운 치약 스며들지 않도록 하느라 곤욕이다

말하지 않으면 나만 아는 이 작은 함몰이
이 생채기가 가슴에도 생겨
징- 징- 울려대는 이 쓰라림이
입속이 아니라 가슴은 아닌지

가라앉아서 바닥에 가슴이 닿을 때까지 가라앉아서
이 울림이 들리지 않을 때까지 기다린다

성난 삶이 화를 휘두를 때마다 오는 이 통증은
멈추고 나서야 이유를 안다
매끈하게 새 살이 오르고 나서야
잘 견뎌내었다 한다

***일상에서vol.6** 먹고 살기에 빠듯한 인생 속에 나만이 아니고 내 아이와 내 가족이 있다는 사실은 감정마저도 낭비를 허용하지 않는다

기억의 공유
영상_추억도 일관된 우리 사는 인생

아이를 재우고 TV를 본다

늦은 밤 술에 취해
빗물 젖은 머리로
엉거주춤 여관방으로 들어서는 두 사람

굳이 돌이켜 떠올리지 않아도
사연들 덕지덕지 때 끼듯 누추하던
뒷골목
엉겨 붙은 습한 기억이 재생된다

두근거리던 마음이
함몰된 공유 정서라니

혼자 아프고 힘겹게 건너온 그 기억이
공유임을 서른에야 안다

십 단위로 끊어야 풀 수 있는
삶은 아니겠지만

지금 이 혼돈도
너도 나처럼 건너온
혈흔 묻은 가슴이란 걸
마흔에서야 헤아리게 될까

이제 엄마라는 이름으로 vol.2

오래 전부터 그렸던 풍경화

옷장 하나 앉은뱅이 책상 하나
밥 그릇 세 개, 국 그릇 세 개, 수저 세 벌
단출한 세간

볕 드는 작은 마당
맑은 아이의 웃음에
흔들리는 장미 그리고 민들레 홀씨
그의 따뜻한 손 잡고

매일 같이 베는 하얀 베개 꿈통

산 너머에는

산 너머 산에는
산이 아니라
널따란 꽃밭이 있음 좋겠다

굽이 굽이
무거운 짐에 휘어진 어깨가 고단한
내가 가야하는 길에

나 같은,
그대의 손을 마주잡고
서로에게 고맙다 하며
주어진 길 갈 때

산 너머에는 다시 산이라지만

이 산 뒤엔
마음에 핀 꽃밭처럼

천국 같은 그곳에서
내 아이들과 뛰어놀며
편히 쉬어갈 수 있담 좋겠다

for you, my baby

들여다보고 들여다보고
하루 종일 지켜보았는데

아가는 어느 샌가
새로운 짓을 배워선
깜짝 놀래킨다

지켜보고 지켜보고
조바심으로 돌보았는데
넘어지고 부딪쳐서 우는 아가

동그랗게 접어서
뱃속에 쏙 넣어두고 싶은
나의 아가

만화

만화같은 기분
결혼 후 음식 만들 때마다

메뉴 골라 장 봐오고
생으로 진열된 재료 앞에 두고
만화같은 기분

아이 낳을 때도 그랬지만
요리할 때도
포유류 나는 동물

현실에 나타난 공룡
그래도 티라노사우루스 말고
나는 아이가 좋아하는 트리케라톱스 브라키오사
우루스

포유류 나는 동물

무리에게 먹이를 가져다주는
스테고사우르스 안킬로사우루스
이구아노돈 파키케팔로사우루스

지나가는 말

저기 저,
뚜벅 뚜벅 발소리가 유난히 큰
저 사람

멈춰 서서 경중경중
뭔갈 털어내듯 뛰어오르는 품새 우습네

다시 걷는 저 사람
저 사람의 고민은
어제까지 먹었던 계란이 문제

아이에게 읽어준 어젯밤 동화책
주인공 노란 병아리가
걸어나와
그 뒤부터 자신을 따라걷는
삐악 삐악 병아리

큰일이다 저사람
오늘은 뒤에 송아지, 닭, 돼지가 뒤따라 걷네

근데 저 사람 하는 말
뛰어보지 않고는 못 배기겠대
바닥에 딱 달라붙어 살면
꿈은 누가 꾸냐면서

사람들은 철없다고
철없는 말이라고
참, 저 사람 철없지

늘 먼저 잠드는 너에게

너와 살면서
너에게로 열리는 코드를 푼다

둘째를 품고 첫아이와 놀아주며
종일 집에서 기다리며

떠오른 마음이 많은데
늘 먼저 잠드는 너

이 마음 전해주고 싶어서
밤 늦도록 잠들지 못하고

이 밤도

널 만나기까지 어려웠던 문제도 풀었는데
여기까지 너랑 엮인 문제 모두 이해했는데

매일 밤

사랑은
네 가슴 안에 날 심어
욕심껏 가꾸고 싶은 정원
신기루 같다

그저 하기만 해도 되는 일은
세상에 별로 없는데

그런데도 내가 너에게로 가는 항로는
주고 또 주는 사랑이란 길

먼저 잠든 네 볼에
다하지 못할 말로
깊게 깊게 입맞춤한다

사랑 굿(감坎)*

당신 손 잡지도 뿌리치지도 못하는
외로운 혈관이
심장 한 구석 썩은 세포처럼
침윤하고 있습니다

지긋지긋한 말투, 눈빛, 웃음
뿌리를 싹둑 잘라내고
당신 없는 곳에서
미친 잎만 달고
당신만 없으면 되는 흙에다
줄기라도 묻고 연명하겠습니다

당신이 꿰매 놓은 인연
게으른 사랑
어쩔 수 없었다는 변명

다 잘라버리겠습니다

잘라버린들,

*구덩이 감, 무덤을 의미하기도 한다. 육십사괘의 하나로 물이 거듭됨을 상징하기도 하며 땅 아래 비어있는 함정을 뜻하기도 한다.

3부
꿈꾸는 자의 것
중의 하나

하루 끝, 끝내

몸살이 난다
담 넘지 못하는 고양이처럼

피곤으로 물든 밤
제 몸 하나 주체 못하면서 뒤뚱거리며
대문 밖으로 뛰쳐나가는 마음

울타리가 아닌 철창문 된 이곳
나의 감옥

비명 소용돌이치는 가슴
토닥 토닥 홀로 밤 재운다

밤새 열병 앓으며
너희 위해 남겨놓은
내일의 아침

매일 초과하는 하루
지금은 알 수 없지만

하루 끝에 끝내
내가 할 수 있는 건
매일 녹인 애정

꿈꾸는 자의 것 중의 하나

>엄마라는 역할
>무게를 떠맡게 된 후
>내가 이렇게 중요한 일을
>해도 되는 사람인가
>얼마나 중요한 일인가
>궁금했다
>-일상에서 vol.7

구름이거나

신기루거나

땅속이거나

하늘이거나

바람에 이는 꽃잎 하나거나

발바닥에 밟힌 날파리의 죽음이거나

아침 하품

속눈썹에 묻은 눈물이거나

일생 중 한순간의 들숨날숨이거나

진짜,
아무,
의미가 없는 것이 되고 싶은 날도 있다

얼굴을 들여다보며

>이제 남은 건 체력도 없는 나이 30대
>지금부턴 무엇을 위해 살아야 하는가 묻는다
>-명상

늙어가는 사람의 얼굴에 남아 있는
빛이 담긴 해안의 눈빛
삼라만상 이해하는 마음
쉼 없이 움직여 만든
손마디 주름의 행보

무엇을 위해 살았나요
묻지 않아도
들려오는 파장
위안

거울 보며 그려보는
미래

동행

놓지 말라고 했던가
하얀 페가수스에 마차를 묶어 달리는, 나에게

이곳이 하늘 윈 것 마냥 내달릴 줄 밖에 모르는,
성난 듯 고삐를 쥐고 몰아치는 것 밖에 할 줄 모르는, 나에게

그런 내 마차를 함께 타자는 건가 지금
좋아 한번 달려 보자구

허나 당신은 보지 않았는가
땅에 묶어놓은 마차의 말뚝을
당신의 푸른 초원에서 잠들고 싶은 나를

허나 당신이 보고야 만 것은
페가수스의 눈에 박힌 푸른 사파이어
내가 당신과 달리고픈 푸른 행성

아가를 위한 다짐

난 언제나 당신을 위해
아침이 오는 길목에 서 있을게요

자장자장 하는 손 위에 얹은
손가락만한 손의 체온

맑고 달콤한 살 냄새
단잠 같은 숨소리

다다다 달려오는 작은 발
목에 꼬옥 안겨드는 완벽한 평온의 포옹

금방이라도 말할 것 같은
수많은 말을 하는 눈빛

동그란 얼굴에 오롯이 들어앉은 코
맑게 누렇게 끊임없이 나오는 콧물

너무도 투명해서
햇빛도 투영되는 하얀 두 귀

자고난 베갯잇에 자던 행적 따라 빠져있는
실금같은 머리카락

코끝을 간질이는 솜털

수없이 맞춰도 맛난
동그랗고 세모난 입술

이 모든 것을 지키기 위해서
오랜 고단함도
지루하지 않을게요

모두 그대

그대에게 부치는 편지다 사랑이다

아는 척 좋아하는 내가 두 눈 붉히고 샅샅이 찾아봐도
당신의 세상이 없다 내게

당신이 나간 문 바라보며
끊임없이 어디쯤일까
당신 어디쯤에서 먼 산보며 한숨 돌리고 있을까
혹여 숨이 차 포기하고 있지 않을까
덩그러니 남은 내 길 위에서 당신 쪽 바라보며
염려하는 일몰의 시간

만들어 놓은 길 가기에도 턱없이 모자란 시간
텅 빈 울림뿐인 세상은 하루도 못 살 것만 같은데
헐렁거리는 영혼
조마조마한 마음

당신에게 생채기 내는 말들 반으로 접어
그것으로도 안 되면 다시 또 반으로 접어
그대에게로 간다

모든 것이 그대이고 그 모든 것이 나인 우리기에
서로에게로 난 길을 아는 것 또한 당신과 나뿐이기에

어디쯤일지 모르는 황급한 이별 새기는 것은
얼마나 구차한 일인가

내 빈 그릇 닦아 고귀한 그대의 이름 담아갈 수 없다면
몇 겁파 생의 인연
선한 종의 운명적인 해후상봉이
다 무슨 소용일까

모두 그대이고
그대에게로 가는 길을 지금 이렇게 가고 있는데

겨울에 푹 빠져서

서걱거리는 가슴이 시려 이불 속을 뒹구는 요즘
한 번의 움직임도 줄여보자는 심산
비대해진 머리로 가누기 힘든 몸
가슴 한 켠 쌓아둔 마주보기 싫은 기억이
베갯잇에 배어든다

자잘하게 조각나버린 시간들
손안에서 스르륵 빠져나가
이리저리 방안을 뒹굴어
그 중 하나 손가락으로 집어
어느 기억의 일부분인지
들여다본다

머리부터 차츰차츰 안으로
투명한 젤리 같은 수면 속으로
발가락이 마지막으로
잘 움직여지지 않는 빽빽한 공간에서

헤엄을 친다
가슴이 뻐근해질 때까지 나올 줄을 모른다

매만지고 매만져서 괜찮다 할 때까지
꺼내볼 요량의 용기
아직도 그렇지 못한 심량이라면
쌓아온 상처의 시간들이
자신을 용서하지 않을 테니

추운
하루마다 아픈 겨울
자신과 가까워지는 계절

붕어도 아니고

갔다가는 뭐였지?
다시 돌아와서는 신발 벗고 멍하니 문턱에 서서
왜 왔지?

잊어버린 게 있다면, 신념이겠지

편두통

반 딱 쪼개서
오른쪽만

눈, 귀, 턱, 이까지
오른쪽만

왼쪽은 버티는데
오른쪽만

약한 오른쪽

줄 것이 없어서 미안한 오른쪽
속이 좁아지는 오른쪽

오른쪽이 먹는 약
원래는 두 알인데 오늘은 한 알

세 알이 아니라서 다행이라는 왼쪽

흰 돛배

가슴 뛰는 일 선택하고
뜨겁게 뛰던 가슴

하고 싶은 일 하는데
망망대해

작열하는 태양아래
구명구 없이

심장이 뛰는지
안 뛰는지
표류가 일상

힘들어서 멈추면
보이는

창해 물결 잔무늬 비치는
아른대는 흰 돛배

장마 속에서

창문마다 빗소리 넘쳐
어디로든 흘러가는 새벽

달라붙는 물줄기 떼어내며
골목 빠져나가는 차 소리

가만히 소마소마 숨 죽여 듣는
저 너머 천둥의 울음

물기 머금은 풍경
조금씩 늘어나는 질량

빗방울 내리 긋는 사물
환생 음音 합주

쏟아졌다 참아냈다 빗줄기
일고 왔다 떠밀렸다 파도 소리

비가 들려주는 이야기
어느새 어깨 짚는 아침

기역*

이것을 부정하고
저것을 선택함이
오류임을 이제야 안다

길고 길었을 이야기
뚝뚝 끊어놓고
기대했던 미소는 비약

알고 나도
할 말이 없는데
그만 두자니
아직 시작도 안 한 말 같다

세포분열이 서서히 속도를 줄이기 시작한다

오늘은 'ㄱ'을 배운다

*<한의학> 기운이 위로 치미는 병리 현상. 가슴이 답답하고 손
발이 차고 머리가 아프고 어지럽고 목이 마르는 증상

4부
이별 없는
세상

전하지 못한 말

사람들은 그러잖아
곧잘 그러잖아
누가 그래
다들 그래
내가 그러고 니가 그러고 다들 그래

말을 할 수가 없어
내가 말하지 못하는 이유는
뱉고 나면 어디서 나온 말 같아
이런 말 뒤엔 이런 이런 장면을 만들어야 할 것만 같아
내가 그러는지 뭘 보고 그런 건 아닌지
너도 그러는지 뭘 보고 그런 건 아닌지

내가 말하지 못하는 이유는
무슨 말을 해도 너의 추측이 다들 그러는 이유라고
내 이유는 못들은 척 안 들린 척
변명처럼 듣고 말까봐

너를 사랑해서 아픈 마음
어떻게 전해야할지 몰라
그만두자고 말하면
그만하자는 말로만 들릴까봐
너무 사랑한다는 말은
내 숨의 한 번쯤으로 날아가 버릴까 봐

주머니

스스로의 길 찾아
입 다물고 고집스럽게
자기 세상 만들고
인정하며 위로하며 여기까지

이제 좀 알 것 같은데
움직일 때 툭툭 걸리는 사방
되짚어 봐도 알 수 없는 일
섞일 수 없는 이질감

무엇을 놓쳤나
무엇이 빠졌나
뒤집어봤더니 빈 채
나만이 가득하다 나만이 넘쳐나
부끄러워 뒤집는다

원래 나란

무엇이 들어와 들어차도
감싸 안는 이

이별 없는 세상

우린 언제쯤 헤어지게 될까

글자가 아닌 자국만 남은 흰 종이 위
볼펜 쥔 손을 바라보다

더 이상 써지지 않는 사랑이라면
그만일 텐데
이별 없는 세상에 이별은 어떻게 올까

애매모호한 이해의 말들 가득해
이런 말도 저런 말도
이유가 되기엔 시시해
이별 없는 세상에선

그냥 그랬던 것처럼 원래 그랬던 것처럼
아껴주지 못하는 마음
흔들리면서 놓아버리면서

의미 없는 말들 던지면서
무엇을 주고받아야 사랑이라 부르지

사랑은 그토록 가벼운지
사랑은 그토록 무거운지

혼자 남아 자연스럽게
이별을 생각할 때
문밖으로 나와 길거리 한가운데 서서
자신과 마주할 때

이별 없는 세상에
이별은 어떤 모습으로 오는지

애도 시대

지금은 모두가 존중받아야 하는 시대

이해가 통념이 돼야 하는 시대

그것으로 일어설 힘을 얻어야 하는 시대

원래 그런 것은 지워야할 시대

모두 다 하는 것은 그만두어야 할 시대

자신은 그만 용서하고

다른 사람은 받아들여야 할 시대

이 시대가 끝나기 전에

다음 시대가 더 엉망이 되기 전에

슬퍼해야 할 때 울어야 할 시대

마음이 부서지기 전에

안 괜찮다고 말해야 하는 시대

안녕을 물어야 하는 시대

어둔 밤

손잡고 뛰어내리자기 전에

어둔 밤으로 뛰어내리기 전에

힘들다고 말하면

밝은 달이 떠

우리집을 비춰

아이들이 태어나고

순간이 진실한 저녁에

막강한 힘이 연해지고

더 쉬운 행동이 생각나고

물리치고 이겨낼 악당도 집으로 가고

많은 무기가 필요 없는 새벽이 오고

한번뿐인 사랑도 해

힘들다고 말하면

새벽 어둠도

그렇게 금방 지나가

또 사랑할 시간이 와

또 사랑할 눈이 내려

뱃살

한 겹 두껍게 잡히는 뱃살처럼
일상이 두껍게 잡힐 때

두꺼운 층을 혼자 뚫고 지나갈 수 없어
진실과 맞닿은 근육은
실감이 나지 않아

옷으로 가리고 나가
운동복 입고 땀을 내기보다

미루고 있는 운동처럼
간단하지 않은

푹하고 쓰러지듯이
진실이 훅 하고 꺼져버리듯이

한 겹 두껍게 잡히는 방편

선택의 작용

노곤한 이불이 되어 누워
남은 기억으로 놀이처럼
불쑥 불쑥
팔 언저리에서
무릎 관절에서
튀어 올라오는 기억

얇은 막 한 겹 벗겨내니
공기가 통한 시간들 쓰리다

너도 숨은 쉬어야지
정화돼야지

산화되고도 남은 기억이
다른 무게로 다른 형질로
사건마다 끼어들어
남은 부분 투영한

메시지를 보낸다

이것으로 지나온 날들에 비해
더없이 달콤한 선택을 하게 되겠지

대화

쉿 작은 소리로
생전 처음 들어본 기류
며칠은 머리를 댕 하게 만들

화의 기운을 막아
감정은 빼
그건 그 사람에게로 갈 게 아니었어
그의 몫은 남겨둬야 했어

조용히
하고 싶었던 말
가장 작은 소리로
온 마음을 모아

위로

실망했을 때
잃어버렸을 때
지쳤을 때
졌을 때
아플 때
무기력할 때
슬플 때는
모두가 해줄 수 있어

외로울 때만큼은 너밖에

7년

넌 재밌게 말하길 좋아하고
난 골라서 말하길 좋아하고

서로에게 다리를 놓고, 길을 트고, 줄을 달고, 안테나를 세우고, 같은 색 울타리도 세웠는데
갑자기 자신의 방식으로 돌아가 버릴 때

넌 눈에 보이는 일을 좋아하고
난 눈에 보이지 않는 일을 좋아하고

그러다 미안하다고 손잡고 그러면

다시 자국 남은 자리에 다리를 놓고, 줄을 매달고, 울타리도 세우고, 안테나도 꼽고

더는 미안하다 말하지 않고, 손도 잡지 않고, 그러고도 아침이 시작되면

넌 인스턴트 식으로 세상을 살고
난 켄 윌버 식으로 세상을 살고

아무렇지 않게 인사하고 가버리면

절반으로 끊긴 다리를 잇고, 우리 담장을 세우고,
휘어진 안테나 줄을 질질 끌고
이젠 헐거워져서 세워도 넘어지는
매두어도 풀어지는

1년 2년 3년 4년 5년 6년 7년

부부싸움

일주일째 싸움질 말끝이 다 시비 같고 마음은 땡볕에 말라붙은 딱딱한 흙토 같다 어디서부터 꼬였나 처음부터인 것 같다 그때부터 잘못된 것 같다 그럼 그때 느꼈던 지상에서 가장 행복했던 그때는 무엇인가 허상인가 삶은 신기루인가 잡히지 않는 잡아두어도 다시 흐려지는 의미들 어제 약속은 어제의 배경 긴장감 빼고 너풀너풀 좋았던 error error 경고불이 깜빡깜빡 시스템 다운 일보직전 레이더에 잡히는 것은 모두 단칼에 태워버린다 주변이 정지한다 그 놈이 다치지 않으려고 몸을 웅크리고 사리고 있다 여우같은 놈 삶에 걸려 퍼득대다 힘이 다해 헐떡이는 나에게 먹이기 시작한다 나만 보면 아무 말도 않고 먹인다 먹고 먹고 또 먹다보면 삼일쯤 변화가 온다 힘이 들어가 있던 눈이 풀린다 신경세포 수상돌기가 오그라든다 그 놈이 보인다 곁눈질로 다치지 않고 다가오려 애쓰는 착한 놈 손이 빨개지도록 얼굴이 터질 듯 외줄을 잡고 오르는 내 인생 곁에서 줄로 그네를 만들어 초록나무사이로 바람을 가르며 기분 좋게 그네 뛰고 있는 그 놈을 발견한다 그가 선택한 인생은 그렇다 밧줄에 매달려 있는 내게 등을 밀어달라고 한다 그놈이 올려다본 나는 위태롭게 애처롭게 매달려있다 이것이 지상에서 하는 우리의 사랑법 아니 싸움법이다

무거운 아침

아침에 눈 뜨니 방금 태어난 듯 낯선 날
꿈에서처럼 난 노쇠했다
이 생과 저 생이 겹쳐서 출근준비 내내 플로-모션
모래주머니처럼 육중한 몸
바람 가르는 소리가 들리는
정신 차리니 지옥철
허벅지 대퇴근 찌릿찌릿한 층계 오르면
애증스런 햇살
외환은행 본점 층층계단 옆 반듯한 화단 난간
노숙인은 오늘도 늦잠이다
곁에 누워 곤한 그의 잠길 따라가 보고 싶다가
허줄해져 딸기우유 한 팩 단숨에 마시고 코너를 돌아서는데
동양증권 앞에서 와이셔츠 입은 안경 쓴 남자
코를 가슴까지 파묻고 힘겨운지
분신술과 축지법을 사용해 그의 어깨에 위로를 주고
잰걸음으로 오르막길 전력을 다해 오른다. 9시 4분
지각이다.

5부
미움을 묵히면
왜
그리움이 되는지

쉽게 위로하지 마라

위로에 마음 다치는 사람 있다

모두 저 산 같길
제 나뭇잎 세는 입장
암암리로

생바람 맞으며 돌아다닌 발
쓸쓸한 발꿈치 보고
눈물 핑 돌지 않을 사람 없다

연대라는 말 때가 묻었지만
한 덩어리로 서로 연결된다는 좋은 말
지금 우리가 행할 귀한 말

네가 나 같구나
나도 너 같더냐

우리 이제 그만 싸우자

내가 너에게로 통하는 언어를 알고 있다면
내가 네가 거주하는 세상 속에 합류할 수 있다면

너를 내가 꿈꾸는 우마공 같은 환상적인 세계에 초대할 수 있다면
네가 뛰어노는 그 너른 벌판이 어떻게 생긴 곳인지 모르겠지만
척박한 땅에서도 기뻐 함께 뛰어놀자 웃어 주었으면

비 오는 하늘 보면 기분 꿀꿀해지는 너와
비 오는 하늘 보면 멋진 생각 드는 내가

어디 중간쯤에서라도 모닥불 닮은 우산 나눠쓰고
이 골목 저 골목 누비고 다니며
다리 아프고 허기지고 더는 갈 수 없을 것 같다가도
걷는 신기한 두 다리 경탄하며

손 꼭 잡고 걸으면
좋겠다 좋겠다 ... 좋겠다 좋겠다

논리적으로 감성 전달하는 법

자신의 감정을 전달하고 싶을 때
나는 주로 와락 안아버렸다

내 이야기를 들려주고 싶은 건
내 속에 웅크리고 있는 나를 위해서였다
그래서 들릴 듯 말 듯 한숨 쉬듯 아무렇게 얼버무렸다

[혼자서 얼버무리기]를 하고 있던 어느 날,
옆에 누가 와서 "뭐라는 거야?" 궁금해했다.
"아니, 뭐 그렇다고…" 얼버무리니
"뭐라는 건데?" 또 묻는다
사람이 사람을 살아가게 한다는 것은 이런 건가 보다
생각했다

그 사람에게 내가 하는 얘기가 별 것 아닌 것이라고 말해주고 싶었다
그러기 위해선 더 이상 궁금해하지 않도록 설명을 잘해주어야했다

[설명하기]를 피하고 굳이, 구차하게 뭘, 하는 습관화된 사고는 오래되어 왔다
툭툭 끊어먹는 대화법으로 곤란을 겪어왔다
말하는 사람이 되어도 듣는 사람이 되어도 어려웠다

[한 번에 정확하게 표현하기]는 더는 못 알아듣는 말을 하고 싶지 않았기 때문에
시작도 결론도 단순하게
논리가 단순하다는 것은 이야기를 피해보고 싶은 변명이 틀림없지만
역시 쉽다는 말은 마음의 긴장감을 풀어주기에 효력이 있었다

'대화의 꼬임이 술술 풀리면 얼마나 시원해질까?'라고 속으로 상상하며
오늘도 '말'을 배운다

무엇을 만나도 다치지 않는 법

1. 종이는 바람에 찢어지고
   나무는 불에 타고
   바위는 정으로 쪼개지는데
   유리 없는 창문은 깨지지 않는다
   부서질 것이 없으면 부서뜨릴 것도 없다
   이것을 알고 나면 부서지지 않겠다는 각오는 머쓱해짐

2. 부서진다 무너진다 상한다 아프다는 마찰의 발생
   어떤 사람을 만났을 때 정말 싫은 점, 절대 용납할 수 없는 점, 혐오감이나 이질감
   이런 감정들을 자신에게 매달고 외롭게 살아갈 생각이 없다면 3번으로

3. 참을 수 없는 감정을 만날 때마다 가슴을 살살 문지르기
   서걱서걱 알갱이가 잡혀 아플 텐데
   참고 문지르다보면 스밀 듯 작은 가루가 된다

문지르기는 처음엔 시간이 많이 들지만
내성이 생기면 속도가 빨라진다

가루는 바람에 형체를 잃고
그곳엔 구멍이 뚫리고 빈자리가 생긴다
그때부터는 어떤 것도 그곳을 부술 수 없게 된다
부술 것이 없으니 부서질 것도 없는
유리 없는 창문 공空이다

4. 왜 그래야 되냐고 묻는다면 다시

5. 더 이상 무엇을 만나도 다치고 싶지 않을 때
   지금부터 공空으로 직면하자

   공空으로 뚫린 길은 힘줘서 뚫은 길보다 강하다

   공空의 비법은 되돌린다거나 무너질 일이 없어
   서로 상하기를 꺼린다

사랑 뒷면은 증오다

한 단어에는 상반되는 두 가지 의미가 엮여 있지만
보통 하나만 선택한다

많은 전제 조건을 걸어두어도
사랑에 빠질 땐 한 가지에 지독하게 끌린다

말투,
목소리,
눈빛,
손가락,
유머,
허벅지,
착함,
돈많음,
냉정함,
진지함 중 하나

꽂혀서 시작된 사랑의 주문은
앞면을 모두 숙지하고 뒷면을 마주한 순간 풀린다

말투-자만
목소리-변조
눈빛-멍함
손가락-손등의 때
유머-내용없음
허벅지-식탐
착함-둔함
돈-무식
냉정-쉽게 무너짐
진지함-실없음

사랑과 경멸이 그 사람을 오십 퍼센트씩 채우고
있다

이제 어떻게 할 것인가 당신

1. 버린다
2. 참는다
3. 앞면으로 뒤집는다

사랑만이 아니다
세상 유혹적인 모든 것엔 뒷면이 어김없이 있다
소유하기 싫은 어떤 것도 앞면 쪽 공존이 있다

현실 reality

모든 길의 끝은 진실에 닿아 있고
현실은 진실에 드리워진 오로라

동방박사 별을 따라가는 기분으로
막상 당도하면 흉흉한 뒷골목
햇빛 많은 거리에서 거울로 들여다본 자신같이

아름다움에 대한 강박
정작 무엇이 흉한지 분간할 수 없게 된 삶이

현실 앞
아이쿠나 하며 발을 돌린다

모든 길은 진실에게 향해있고
현실은 겹겹의 장막

길이 나 있단 걸 모른 채 지내는 삶도 있고

왔다가 급히 돌아가는 삶도 있고
혼돈 속에서 진실에 가장 가깝게 살아가는 삶도
있다

로망 르네상스

지금이 사느냐 죽느냐 고민하는
르네상스 시대면 좋겠다

스트랫퍼드 문법학교만 다녔다는 셰익스피어
실제 저자는 엘리자베스 여왕일지 모른다 해도

돈 되냐 안 되냐 뿐인
21세기보다 얼마나 고상한가

휘트먼Walt Whitman처럼
'나는 나 자신을 찬양한다 I celebrate myself'해
야 할지
트웨인Mark Twain처럼 '지옥에라도 가겠다'해
야 할지

속도는 빨라지고 목표는 모호하다
즐거움만 찾을지

고통 속에서 보람을 건질지
유유히 흐르는 우주적 시각에 맞출지

코코아 속 마시멜로 같이
뜨겁고
달콤하고
흐물거리다
녹아 없어질 것 같은 기분

시작할 용기

누군가 외로워야 한다면
그가 자신이면 안 된다

당신은 외로운 누군가를
위로하는 사람

선택의 순간에 늘 자신의 편을 드는 사람
자신을 믿고 해내는 사람
잘 할 수 있다는 믿음으로 자신을 생존케 하는 사람

당신의 아이도 당신의 가정도
그 역시 믿음으로
역량은 무한대 재 놓지 말고
스스로 터득한 균형 잡으라 하고

달리고 돌아보고
곁에서 걷고

눈 맞추고 입 맞추고
위로하고 위로 받고
달리고 이끌지 말고

가벼워져라
가벼워져라
가벼워져라

힘들수록 즐겨
질량 없는 유기체를 느껴

시작도 알 수 없고
끝도 알 수 없다면
심장이 반응하는 방향으로 뛰어올라 당신

마녀를 물리쳐야 할 나이, 일곱 살

아침 눈도 못 뜬 채 '어-엉 어-엉' 울며 안겨드는 아이
잠에서 덜 깬 입을 못 움직여 혀끝으로만 "왜 그래?"
대충 소릴 내고
아이 엉덩이를 두들기며 끌어안았다

엄마-
어-엉- 어-엉-
이 세상에- (공기 거꾸로 들이키며 꺾이는 울음소리)
마녀 있어? 없어? 어-엉, 어-엉-
순간, 웃음.
동시에 가슴 콕 박히는 통곡 가까운 아이의 울음소리

없어. 이 세상엔 마녀 없어
서둘러 대답했다
왜? 무서운 꿈 꿨어?
응. 어-엉, 어-엉-
피자를 시켰는데- 어-엉, 어-엉

마녀가 왔는데- 어-엉, 어어-엉-
엄마, 아빠 어디 갔냐고 해서 회사 갔다고 했는데- 어-엉, 어어-엉
우리를 잡아서 데리고 갔는데- 어-엉, 어-엉
엄마가 와서 동생만 데리고 갔는데- 어-엉, 어-엉
나는- 어-엉(다시 숨이 꺾이며 들어가는 흐느낌 소리)
마녀가 붙잡았는데,
나를 흙 속에 묻고- 어-엉, 어어-엉 (점점 커지는 울음)
그래서 내가 죽었어- 어어-엉 어어-엉 (완전 통곡)

'아, 슬펐겠다 뭐라고 위로해야 하나'
순간 옆에서 듣고 있던 5살 난 동생
"엄마, 누나 꿈인데 왜 그래? 꿈 꾼 건데 왜 그래?"한다

꿈인지 현실인지 모르는 사람은 없다

그리고 꿈같은 현실이, 현실 같은 꿈이 있다는 걸 모르는 사람 또한 없게 된다
그래서 우린 꿈인지 현실인지 헷갈려하나 보다
이런 느낌을 처음 경험하게 되는 때가 일곱 살인가
갓난아이 적부터 자다 자지러지게 울던 일이 한 두 번이 아니지만
자신의 경험을 상대방이 알아들을 수 있도록 나름 정확하게 표현할 수 있는 나이 일곱 살

내 악동도 이때쯤부터 여태 계속되고 있었을까

"현실이 아니야"라고 말해주었지만
나 역시 꿈 때문에 온종일 손에 일을 못 붙이고
꿈속 어느 날 곁에서 서성일 때가 있는 건 지금도 마찬가지

아이를 위로하며 지난 내 악몽도 위로 받는다

눈을 감아도 있고
눈을 떠도 보이던 검은 남자

육아우울증과 결혼생활에 대한 강박
지금도 검은 방은 두렵지만
이겨내기 위해 들인 시간과 용기도 위로 받는다

아무리 부인해도 나타나는 소름끼치는 두려움은
손에서 벗어난 생의 비대함을 느끼게 된 후였다

'나는', '내가'로 시작되던 세상에서
'네', '그렇구나', '어쩌나' 뿐인 세상으로
선망이 꺾인 그때부터

하지만 그곳에서 꾸는 꿈이
진정 꿈꾸는 자의 꿈이라는 걸 이제 안다

꿈같은 현실에서
꿈다운 꿈에 젖어 살기를 기도했다

아이는 저녁에 반드시 피자를 먹어야겠다고 했다
새콤달콤해서 맛있다는 피자를

나쁜 엄마

이런 세상인 줄 알면서
태어나게 해서 미안해

소유할 자격 없으면서
욕심내서 미안해

잘할 수 있다고 믿으면
될 거라는 희망으로

모성만 꽉꽉 채워 넣으면
될 거라는 믿음으로

하나 어쩌나
한없이 부족하여

하나 살자
욕심 버리고

안아 주면서
울어 주면서

그냥 나와 살자
이 마음 하나로

이 세상에서 너와
영원히 함께 할 너와

*p.s 아이들의 완전원을 깨고 있는 건 부모가 아닐까? 어른들이 만들어 놓은 완전원에선 기성냄새가 지독해. 아이들의 원에선 좋은 냄새가 나는데. 고귀하여 키우기 어려운 세상의 모든 아이들.

"사랑해"라는 말 밖에 할 줄 모르는 아내

결혼 후 내가 주로 하는 말을 모아보니

나 이런 거 정말 못해 너가 해주면 안돼?,
어쩌지 아침도 못 먹고,
오늘 정말 힘들었어,
미안 또 까먹었어,
너 없으면 안돼,
사랑해.

난 지금 "사랑해"라는 말 밖에 할 줄 모르는 서툰 아내지만
내 남자를 완전 사랑할 줄 아는 가능성 농후한 여자이기도 하다.

미움을 묵히면 왜 그리움이 되는지

증오로 타 녹을 듯하여 깨는
욕설 같은 아침

염산 같은 분노가 해치는 게
네가 아니라 나지만
멈추지 않겠다

잇속까지 저린 미움
놓지 않겠다

사람들은 나에게
미운사람 미워해라 하지 않고

체기 있는 말이라도 먼저 건네라
미움도 모르고 이해를 원한다

난 미움을 포기하지 않고
섣부른 절연의 다짐 대신

하루하루 손가락 끝으로 물을 찍어 담는
농도만큼 옅어지는 마음 속 미움을 본다

왜 미움을 묵히면 그리움이 되는지

용서를 배우는 시간이
어째서 명보다 길어질 수 있는지

미움보다
그리움이 빨리 자란다

6부
관계미학

바람이 모자를 벗긴다

바람이 모자를 벗기려든다
들썩들썩 들썩들썩

바람의 이간질에 부아가 치밀어
머리에서 모자를 홱 낚아챈다

모자를 손에 들고 걷자니
자유롭고 쓸쓸하다

모자하나 눌러 붙들지 못하는
모난 마음 보여

사람과 사람사이 반간하는 바람 불 때
온 몸으로 막아서고, 누르고, 붙들고
놓지 말아야 하는데

이깟 모자 하나쯤을

쓰촨성

찬밥에 깻잎지를 싸먹는다
싸먹고 싸먹고
김도 싸먹고 싸먹고
아무리 싸안아 먹어도 속이 아프다

통통하게 익어 입안에서 툭 터지는 비엔나소시지가
콘크리트 더미 속 청년을 되살린다

한 몸뚱이 네 조각 오이소박이 갈라 먹을 때마다
이 분 만에 철천지한 고아 된 아이들 표정 되살아난다

아구아구 밥을 씹어 넘겨도
심장이 머리까지 흔드렁대길
멈출 수가 없다

살아야지
살아내야지

성난 지구가 육중한 틈을 벌려
제물로 사람을 삼킨다 해도

과실처럼 자연으로 태어난
혼즙을 가진 아이를 지켜내야지
자궁 잃은 부모를 안아내야지

땅바닥에 엎드려
무릎 꿇고 조아려
어깨동무 한 팔 놓지 말고
흔들흔들
한 발 한 발 집으로 가야지
집으로 가야지

저녁상

볶다만 돼지고깃살이 빈둥댄다
비린내 채 가시지 않은 콩나물국이 끓고 있다

숟가락은 손아귀에서 헛발질 하고
나는 타는 갈증으로 생수를 들이킨다

가정이란 몸뚱이에 갈색가방은 보잘 것 없다
그래도 손에 꼭 쥔 가방이 자랑스러워
흔들거리는 줄도 모르고 뛰었다

하늘은 아이들 함성에 영업을 끝내고
남자들은 양복을 털며 시동을 껐다

하이파이브 아니었나
궁상맞은 밥상머리라니

글과 글 사이에 시가 있고

너와 나 사이에 오해가 갈린다

내내 울컥임을 삼킨다
고갈된 영혼이 알몸을 마주한 부끄럼인지

굵은 창자가 애정이 필요해 절망하는 것인지
두터워진 신발의 무게 때문에 어깨가 한쪽으로 기울고

등줄기에 쏴아 뿌리는 샤워울음
좌변기에 졸졸 흐르는 소변울음 마치고

네 별자리, 내 별자리가 가득 뿌려진 방안으로 들어와
문을 잠근다
딸가닥
노크하는 소리 없이 잠긴다

수면으로 빠져드는 대신 수면 위로 떠오르는 나를 눌러

가라앉히려고 하지만
겨드랑이는 이미 간지럽기 시작했다

저녁상이 뭐가 문제냐고 묻는다면
넌 밥이나 드세요, 할 것이다

신념에 대해 묻는 자들을 만났다

나는 자주 알몸이 되어
사람을 만나면 신념이 뭐냐고 물었다
음…
신념을 선뜻 대답하는 자를 만나지 못했다

그래서 당신 신념이 뭔데?
세 명이 둘러앉아 내게 다그쳐 물었다
새벽 한 시 인사동 주점
왜 이들은 나의 신념이 궁금한가 궁금했다
나의 신념 뒤에 있는 무엇이 이들에게 열쇠가 될까
아니면 나를 누르고 싶어 하는 이들의 족쇄를 달게 될까

깊은 바닷속 무겁고 동그랗게 생긴 쇠를 달고
위로 떠오르려고 발버둥치는 내가 보인다
겁이 난다 이들
겁을 주고 있다 내게

하나 꿈쩍하지 않고 당당히 말한다
"이 땅에 있는 모든 생물체가 저마다의 평화를 만나길 바란다."
다시 말해달라고 했다
… …

주변에서 기웃거리기 시작한다
뭐래? 무슨 얘기야?

이제 나를 둘러싼 눈은 총 열 네 개가 됐다
노란 풍선 일곱 개가 눈앞에서 흔들렸다
아 그러고 보니 오늘 술을 많이 마셨다
소주에 맥주에 건네 오는 잔 사양치 않고
건배를 했다
이들과

아…신념이라…
신념을 찾기까지 여러 날이 걸렸다

유리를 보지 못하는 새처럼
부딪쳐봐야 아는 가슴은 아직도 피가 흥건하다
신념은 그런거다
이를 악물고, 조금은 긴장되며, 내심 비장한 마음의 다짐

옷을 벗으라 네 몸을 감상하겠다는 자세 말고
내 몸이 보고 싶은 거라면 네가 옷을 벗고 거울 봐라 했다
너랑 똑같이 생겼다
내가 알고 싶은 거면 네 옷을 벗어라
그러면 알몸으로 너와 깊은 포옹을 할 것이다
사람이 사람의 신념을 알아가는 과정이다

말이 멈추었고
웃음은 거두었다
상처라고 입력하지 않고
내게 신념을 묻는 자들을 만났다고 기록해두었다

당신의 신발

당신의 신을 신어봅니다
바닥 위에 부드러운 천을 깔고 걷는 것 같습니다

신을 발에 붙어있게 만든 것은
엄지발가락과 둘째발가락 사이로 걸리는 끈뿐입니다

당신이 품고 있는 마음이 이것 마냥 따뜻합니까
거역 없는 마음으로 땅에 가까운 신을 신고 걸었습니까

풀어 헝클어진 머리와 주름진 치마가 춤을 추는군요
당신의 기다란 팔과 뛰어오를 다리가 보이지 않습니다

당신의 얼굴은 투명합니다
외출중이십니까

발바닥의 용기가 머리끝까지 차오르지 못했습니까
그래서 너풀거리는 바람 흉내를 내는 것입니까

힘들겠습니다
힘들었겠다
힘들겠다
많이 힘들지

괜찮아
괜찮아

공기처럼 말과 영혼이
체온과 체감이
우리 둘 사이를 떠돌아다닙니다

꼭 안아줍니다
기다란 비커 안에 둘만 쏙 들어가

차오르는 이해와 애정으로 호흡합니다
교감됩니다

피 색

머릿속에 길이 놓이고
빠르게 달리는 말을 타고
멀미를 하는 중입니다
손 하나가 뒤따라오며 말합니다
괜찮아? 안전해 잘 가고 있어
안전하다는 말에 속도를 내어
말을 몰아봅니다

당신의 표정을 읽을 수 없습니다
웃고 있습니까 울고 있습니까
당신은 어디서 왔습니까

사람들이 저보고 외계에서 왔냐고 합니다
저는 아니라고 하는데도
그럼 당신이 외계에서 온 사람이군요!
아니라구요
그럴 줄 알았습니다

말끝마다 피가 묻어나는 걸 보고
당신도 인간인 줄 눈치챘습니다

인간의 피는 여러 색입니까?
파란색 회색 빨간색 그리고 피 색
색은 색끼리 모이고 핥습니다
회색 피를 가진 자가 파란 피 흘리는 사람을
핥아주는 광경을 본 적 있습니다

그 뒤로 그 사람들은 서로 피 색으로 변했습니다
피 색으로 변한 사람은 다른 색 피를 가진 사람 눈에
보이지 않게 되었습니다
다른 색 피를 가진 사람을 보고도 못 본 척 하는 사람을
봐왔습니다

인간의 원형과 혈액색이 무슨 관계가 있을까요
화를 치밀게 하는 사람을 만나면서 궁금했습니다
울컥울컥 부아가 올라오게 만드는

그 사람의 말을 들으면 말을 던져버리게 됩니다

본인 말로는 피 색이라고 하지만
제가 보기에 그의 피는 검은색이었습니다

검은색의 피
검은색의 피

말을 탔습니다
멀미약을 먹어야 할까 봅니다
손을 내밀던 사람은 이제 없습니다
속도를 내는 말을 타고
주문처럼 외우고 있습니다

그곳으로 가야지
흙냄새 가득한 그곳, 인간의 원형으로 가야지

관계미학

일부러 무표정하게 있다
뒤돌아서 혼자 오는 길에
눈물이 날 뻔 한다

보고 싶어도 볼 수 없는
거리만큼이 낫다고
향기는 섞이지 않는 게 좋다고

외롭도록 혼자 치러야 숨이 트이는
인간의 아가미를 탓하고 만다

스치고 닿을 때마다
모래성을 쌓듯
애처럼 조르는 마음에게
타이른다

경계

경찰을 불렀다
새벽 5시
당신은 환청이라고 했지만, 나는 쓰러렸다

몸살을 앓는 육체는 정신을 놓고
정신을 방향을 잃는다

시시각각 쳐들어오는 메시지를 조합해보지만
궁지로 몰릴 뿐 길은 보이지 않는다

눈에 보이지 않는 것들을 잡아
흰 종이 위에 남겨놓는다
사라지기 전에 촌각을 다퉈
거두어야 하는 일

속도를 쫓는 빛처럼
흩어지는 언어를 잡기 위해

연기가 된다

연한 글이 강해지고
펜을 쥔 사람은 끝내 자기를 풀게 된다

이제 맹렬히 살아 움직이는 펜
성호를 긋는다

3D 종이인형

얼굴 옆선, 목, 어깨 이어
팔부터 손끝까지
가슴, 허리, 다리에서
쭉 내려 복숭아뼈까지
발가락과 뒤꿈치까지
선을 긋고 자른다
다면체 종이인형

잘려나간 탯줄
투둑 툭툭 터지고 날뛰는 혈관
도려내진 몸은 세상과 닿지 않게 된다

보이지도 잡히지도 않는 적막이
일그러진다
먹먹한 달팽이관에 바늘구멍만한
빛이 들어오고
꼼짝 않던 목이 돌아가고

손발이 꿈틀대다 움직인다
마른 침이 고이고 넘어갈 만큼의
시간이 흐른다

자생에너지 가동
모노톤 세상 속 입체종이인형
세상 밖으로 불거져 나온 자의성을 띤 자신을
낯설게 바라본다
가위질이 닿았던 모든 곳에 자유가 돈다

비눗방울

학교에 알림장을 두고 온 아이
다시 학교로 간 아이

아이 걸음으로 십 분, 어른 걸음으로 오 분이면
충분한 거리

아이가 돌아오지 않는다

크리스마스 전날 집 앞에서 놀던 아이도
엄마 따라 시장 갔던 아이도
방안에 있던 아이도
먹구름에 가린 별처럼
바람에 날리고 터지는 물방울처럼
사라진다

학교에 간 아이가 돌아오지 않는다
손을 멈추고 창 앞에 묶여있다

콩콩콩콩 집으로 뛰어 들어오는 아이의 발소리가
환청처럼 들린다

그래도 사랑해

안전한 해일이 밀려온다 쪽이 난 수억 만 개 빛 지구 모든 일렁임 위에 고루 입김을 분다 바람이 두리번거리며 근원을 찾는다 분명 입구가 있을 거다 바람의 시기는 맥을 놓친다 천년동안 길 위에 서 있는 자도 EXIT를 걸어 두진 못했다 들어왔다 나갔다 하는 네온사인이 얼추 비슷하게 맞아 떨어진다 그 옆에 깊이가 얕은 에스프레소 잔이 순간의 상실을 피워 물지만 않았어도 이쯤이면 공기주입기가 들어설 만도 슉- 날 사랑하면 쉭- 나도 널 사랑하고 슉- 사랑하지 않으면 쉭- 그래도 널 사랑한다

아이들에게

아이야 네가 평생 배워야할 것은 죽음에 대한 두려움과 두려움 없는 죽음이다

「서용석 시집 3 - 해가 거리에 잠기고 긴 밤이 온다」로 이어집니다.